12 HERRAMIENTAS PARA CAPTAR LA ATENCIÓN DE LOS NIÑOS

Marie **Poulhalec**

**Para ser utilizadas
por padres y educadores**

terapias verdes

Argentina – Chile – Colombia – España
Estados Unidos – México – Perú – Uruguay – Venezuela

Título original: *12 outils pour capter l'attention des enfants*
Editor original: Éditions Jouvence, Saint-Julien-en-Genevois Cedex, France /
Thônex (Geneve), Suisse
Traducción: Ana García Novoa

1.ª edición Enero 2018

Copyright © Éditions Jouvence, 2016
All Rights Reserved
© 2018 de la traducción *by* Ana García Novoa
© 2018 by Ediciones Urano, S.A.U.
Plaza de los Reyes Magos 8, piso 1.º C y D – 28007 Madrid
www.terapiasverdes.com

ISBN: 978-84-16972-27-2
E-ISBN: 978-84-17180-24-9

Depósito legal: B-28.452-2017

Fotocomposición: Ediciones Urano, S.A.U.

Impreso por: Novoprint, S.A. – Energía 53 – Sant Andreu de la Barca (Barcelona)

Impreso en España – *Printed in Spain*

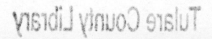

Índice

Introducción

Captar la atención de los niños, es decir, conseguir que nos escuchen, no siempre es tarea fácil. Muchas veces dan la sensación de estar escuchando, pero basta con que les pidamos que repitan lo que les hemos dicho para darnos cuenta de que la información no les ha llegado. **Los niños nos oyen, pero no siempre nos escuchan;** son tantísimas las veces que lo he experimentado estando con ellos.

Yo misma, cuando era niña y estaba en la escuela primaria, no escuchaba a las maestras. En clase muchas veces me dedicaba a soñar… Fue mucho más tarde, ya en el instituto, cuando me di cuenta de lo importante que era escuchar. Escuchaba a mis profesores, incluso repetía mentalmente sus frases. Al salir de clase, era capaz de repetir la lección perfectamente. Mis resultados académicos y mi gusto por aprender mejoraron de manera considerable.

Hoy soy profesora y a menudo me enfrento a este problema. Tengo una información importante que debo transmitir, despliego una energía colosal para hacerlo, y al final resulta que he perdido el tiempo. Los alumnos no se han enterado de nada. Podían estar más o menos callados, pero su mente y su atención vagaban. ¡Todos los días me encuentro con tantos padres desesperados! Vienen todos con la misma historia: «*Nos pasamos horas haciendo los deberes, aprendiéndonos la lección. No se concentra. Lo dejo trabajando y, cuando vuelvo, ya está haciendo otra cosa. Y me enfado, claro. ¡No escucha, no se queda quieto en su sitio!*» ¡Cuánta frustración para ambas partes!

Este libro te propone que conviertas ese tiempo dedicado a tu hijo o a tus hijos en un momento de alegría, de intercambio o incluso de complicidad. Te propone que hagas que para el niño la relación sea mejor, más equilibrada y más beneficiosa.

A través de esta obra, también **te propongo métodos sencillos pero eficaces y fáciles de aplicar para desarrollar la capacidad de escucha de tus hijos y ayudarles a aumentar su concentración y, por lo tanto, a aprobar.** Yo misma practiqué algunos de estos métodos cuando estaba en edad escolar y los he probado todos ellos con los niños. **Este libro es fruto de varias formaciones, de muchas lecturas, pero también de mi experiencia personal.**

Estos métodos van dirigidos a niños de la escuela primaria, pero pueden fácilmente aplicarse a niños más mayores e incluso a adultos. Pueden utilizarse en grupo, dentro de un colectivo, con independencia de la estructura que tenga (escuela, centro de ocio…) o de manera individual. También puedes aplicártelos a ti mismo para aumentar su rendimiento intelectual.

De manera habitual, utilizo estos métodos en mis clases y en mi vida personal. Los considero herramientas valiosas para guiar a los niños, pequeños y mayores, hacia el éxito. Puedes aplicarlos todos. Probablemente te gustarán más unos que otros. Pero puedes utilizarlos todos, ¡te sorprenderá su eficacia!

La atención (es decir, la capacidad de escuchar o de ejecutar una tarea) de los niños varía en función de la edad, la actividad y el entorno.
- Para un niño de 5-6 años, la duración es de 15 a 20 minutos.
- Para un niño de 7-8 años, es de 20 a 30 minutos.
- Para un niño de 9-10 años, es de 25 a 35 minutos.
- Para un niño de 11-12 años, es de 30 a 40 minutos.

Durante esos periodos de atención, se producen momentos de desconexión que pueden durar algunos segundos o incluso varios minutos. Entre los tiempos de atención total, de trabajo sostenido, es esencial conceder momentos de descanso y de relajación para poder retomar una actividad a continuación.

> «*Un niño que no fija la atención, que padece retrasos en el lenguaje o que tiene problemas de comportamiento ha disminuido o eliminado su capacidad de escucha.*»
> **Alfred Tomatis**

Me parece primordial, teniendo siempre en cuenta sus posibilidades, captar la atención de los niños. ¡No hay que olvidar que **APRENDEMOS ESCUCHANDO**!

¡Cuanto más desarrolle el alumno su capacidad de escucha, mejores serán sus resultados!

El problema es que muchos niños no saben ESCUCHAR o, en cualquier caso, no son conscientes de lo importante que es escuchar para aprobar.

Este libro te ofrece algunas herramientas para ayudarles a escuchar, a desarrollar su atención, ¡ya que «oír» es una cosa y «escuchar» es otra bien distinta!

Escuchar es ser capaz de repetir, casi con las mismas palabras, lo que acaba de decirse. La escucha es un acto consciente, voluntario. Así pues, escuchar depende de la voluntad de uno.

Oír es percibir un sonido, un ruido, una voz sin captar el contenido. Oír es un acto involuntario.

> Escuchar es más que oír.
> Es oír con una atención total, profunda.

La atención es tender hacia, sentirse atraído por algo, abrir los ojos y los oídos para recabar información. La concentración es centrarse en una tarea, replegarse sobre sí mismo para llevar a cabo un trabajo. La atención aboca a la concentración. Como estoy atento y sé escuchar, puedo concentrarme, es decir, llevar a cabo un trabajo.

Sin embargo, la frontera entre esos dos términos es bastante tenue. Desarrollar la capacidad de atención permite también desarrollar la capacidad de concentración. Captar la atención de los niños para mejorar la escucha.

> Mejor escucha = mejor concentración
> = mejor memorización = mejores resultados
> = mejor autoestima

Un niño atento capta mejor lo que se espera de él… ¡ESCUCHA!

¡ESCUCHAR = APROBAR!
Este es el programa de este libro.

¿Cómo funciona este libro?

Esta obra propone herramientas para *captar y desarrollar* las capacidades de atención de los niños en el día a día. ¡Son dos obras en una!

- La primera parte trata de la actitud que hay que adoptar para captar y mantener la atención de uno o varios niños.
- En la segunda, una serie de ejercicios prácticos permite desarrollar las capacidades de atención de uno o varios niños.

Cada capítulo presenta una herramienta y se divide en cuatro etapas.

- Una perspectiva «científica» escueta de la herramienta tratada. Al final del libro encontrarás muchas referencias que te permitirán profundizar en el tema si lo deseas: **En resumen**.
- Comparto mis vivencias con la herramienta en cuestión con un grupo de niños o con un solo niño: **Mi experiencia**.
- Te doy las claves para poner en práctica **concretamente** la herramienta: **¡Te toca a ti!**

- Ahora debes completar un cuadro escribiendo brevemente lo que ha conducido al éxito o, por el contrario, al fracaso. En general, poner nombre a las deficiencias permite resolverlas con facilidad. Te conviertes en tu propio guía: **Hagamos balance.**

¿Cómo rellenar el cuadro de «Hagamos balance»?

Veamos dos ejemplos:

Situación puesta en práctica	Evaluación	Argumentación
Puse en práctica «la técnica del tomate». [1]	Funcionó bien.	Había programado el minutero y les había explicado explícitamente a los niños cómo funcionaba esta técnica. También respeté los momentos de descanso tras los 25 minutos de trabajo.

Situación puesta en práctica	Evaluación	Argumentación
Puse en práctica «la técnica del tomate».	¡Fue un desastre!	No expliqué claramente a los niños en qué consistía esta técnica. No concedí ninguna pausa tras los 25 minutos de trabajo. Los niños no entendían el tic tac del minutero…

→Debes sacar tú mismo las conclusiones para mejorar tu práctica o seguir…

Primera parte

Herramientas llave en mano

Herramienta n.º1: Los rituales

○ *En resumen*

Un ritual es un momento previsible que le permite al niño anticipar la llegada de un acontecimiento. Debe situarse en el tiempo y ser casi permanente. Todos los padres saben lo importantes que son los rituales: el cuento por la noche, las canciones en voz baja y los besos. Esos rituales permiten que el niño se ubique y se relaje en un marco seguro. Ese marco no es fijo; simplemente, es tranquilizador.

○ *¿De qué modo esta herramienta permite captar la atención de los niños?*

Tanto en clase como en el centro de ocio, como en casa, cuanto más sepa el niño a qué atenerse más fácil será captar su atención. Efectivamente, los niños necesitan «momentos clave» durante el día y durante la semana. Esto les ayuda a tener referencias y, por lo tanto, a poner en marcha su atención. ¡El ritual, al producirse siempre a una hora concreta, capta la atención del niño!

○ *¿Qué rituales hay que establecer?*

Se pueden establecer rituales en todas las actividades a lo largo del día. Los rituales permiten, por una parte, que los adultos se relajen, al no tener que estar negociando constantemente, y, por otra, permiten ir a lo esencial…

Juegos, relajación, lectura, orden, estudio o higiene son ejemplos de rituales que debemos establecer.

○ ¿Cómo establecer un ritual?

Tanto si es en clase como en el centro de ocio o en casa, para establecer un ritual y conseguir que los niños lo respeten conviene mostrarse flexible y no poner el listón muy alto. Esos rituales pueden elaborarse en grupo, durante un intercambio entre niños y adultos, según las necesidades de cada uno.

En ocasiones hacen falta semanas para que el ritual se convierta en un automatismo para el niño.

○ Los distintos soportes y ejemplos de rituales

• *Cantos y cancioncillas*

Para indicar que pasamos a una nueva etapa de la jornada. Para los más pequeños, la hora de vestirse, de lavarse las manos…

Para los más mayores, esto indica un cambio de actividad: ordenar sus cosas…

• *Dibujos, pizarras, pegatinas*

Están colocados en un lugar estratégico para que el niño pueda recurrir a ellos regularmente y acordarse del ritual o los rituales.

• *Relojes de pulsera o de pared*

Indican el momento del ritual.

A continuación encontrarás ejemplos de rituales que podemos hacer en distintos momentos del día y según sea la necesidad:

- el ritual de la mañana en casa: levantarse, desayunar, lavarse los dientes…;
- el ritual de la mañana en grupo: dar los buenos días, colgar la ropa en el perchero, vaciar la mochila…;
- el ritual para las labores domésticas;
- el ritual para ordenar (la habitación/la cartera…);
- el ritual de las responsabilidades (en casa o en el colegio…);
- el ritual de la lectura propuesta (todos los días a primera hora de la tarde, el adulto propone un cuento a los niños);
- el ritual de irse a la cama (cuento, besos…);
- el ritual de la comida (lavarse las manos…);
- el ritual del dictado, del cálculo rápido (la cuenta está bien…);
- el ritual del aseo;
- el ritual del orden;
- el ritual de la sesión de relajación (herramienta n.º 10);
- el ritual de la escucha musical (herramienta n.º 3);
- el ritual de los juegos (herramienta n.º 12);
- los rituales corporales (herramientas n.º 9 y 11).

○ *Mi experiencia como profesora*

En mi clase establecí unos «momentos clave» para pautar la jornada y con ello optimizar el tiempo de trabajo de los alumnos. Los rituales y su carácter repetitivo permiten que el alumno adopte hábitos de trabajo, que «se ponga en marcha» más deprisa y que sea más eficiente y autónomo. Esos «rituales» se colocan en momentos estratégicos: al comenzar el día, antes o después de las pausas, al finalizar el día…

Esos rituales no son fijos. Pueden evolucionar y cambiar también en función de las necesidades de los niños y de los aprendizajes. Cuando percibo que los niños se desconectan, les propongo actividades corporales (relajación, masaje, movimientos…) que se convierten en rituales. En cuanto el niño se apropia de la actividad, esta se convierte en un ritual. Se puede establecer rituales en casa, en la escuela o en cualquier otra colectividad.

○ *¡Te toca a ti!*
- Escoge uno o más rituales.
- Establece este ritual:
  - prever el material;
  - escribir las consignas;
  - recordar las consignas;
  - definir el tiempo de puesta en práctica del ritual (día, semana, mes).

○ *Balance de la práctica: los rituales*

Situación puesta en marcha	Evaluación	Argumentación

Herramienta n.º 2: El gesto/La voz

○ *En resumen*

Para captar la atención de los niños, para que nuestro mensaje se entienda bien, la comunicación debe lograrse. Según estudios llevados a cabo por el profesor Albert Mehrabian,[2] el 55% de la comunicación se debe a la comunicación no verbal, el 38% se debe a la manera en que se pronuncian las palabras y el 7% restante de comunicación se debe al sentido de las palabras en sí. Por lo tanto, la comunicación no verbal y paraverbal (la entonación de la voz…) desempeñan un papel fundamental en la comprensión del discurso.

Los efectos de teatralización provocados por la voz, la mirada, las manos y los movimientos tienden a impresionar a los niños, a seducirlos, a captar su atención…

El profesor, el animador, el padre o el actor no comunican solo mediante palabras, sino que lo hacen mediante signos no verbales como las expresiones de su rostro, el tono de voz o los silencios. La voz es una herramienta de trabajo que debe controlarse. Es un elemento crucial.

Para captar al auditorio, la voz debe ser firme, tranquila, clara y dulce. Debe transmitir seguridad. Para pedir que se haga silencio de manera efectiva no hay que subir el volumen de voz o decir «chis» sin parar, sino más bien al revés, hay que bajar la voz y susurrar para hacerse oír. Las variaciones de elevación e intensidad y la disminución de la fluidez de la voz permiten captar mejor la atención de los alumnos y, por lo tanto, que estos reciban mejor la información.

Silencioso e inmóvil, el adulto delante del niño no deja de comunicar. Todo lo que hace tiene un valor de mensaje percibido por los niños, que son sensibles a todas las señales. Las sonrisas, por ejemplo, tienen un valor positivo. Permiten animar a los niños y conllevan que la escucha sea mejor. La sonrisa genera actitudes positivas. A menudo es contagiosa y puede impulsar a comportamientos de apaciguamiento y de relajación en los niños, así como favorecer un buen ambiente y, por lo tanto, una mejor escucha.

Cuidado con los gestos molestos que interfieren con el discurso (manos en los bolsillos, manipulación de un objeto…).

Cuando estés transmitiendo una información debes tener los hombros relajados, no debes cruzar los brazos, el busto debe estar erguido y el mentón, alto. Los grandes gestos hacen que la situación sea más atractiva y favorecen la escucha.

○ *¿De qué modo esta herramienta permite captar la atención de los niños?*
Nuestra actitud, nuestros gestos y nuestra voz, todo ello contribuye a captar o no la actitud de los niños.

El contenido de nuestro discurso es importante, desde luego. Sin embargo, debemos tener siempre en mente que la comunicación no verbal es una herramienta que permite incidir en el comportamiento de los niños (y de los adultos, por cierto). Algunas de nuestras actitudes corporales son reveladoras de nuestro estado de ánimo. Ciertas actitudes alejan a los alumnos de nuestro discurso o, por lo contrario, atraen su atención. La comunicación no verbal es una herramienta esencial en la enseñanza y tiene un impacto real en la educación. También debemos prestar especial atención a lo que denominamos «nuestro» no verbal. No comunicamos solamente con palabras. Es importante saber combinar la palabra y las actitudes no verbales. Una mirada, una postura o un gesto con frecuencia son más eficaces que las palabras para conseguir que se haga el silencio…

La mirada da valor al niño que es mirado. Los niños a los que no se les mira son desmovilizados y se desconectan enseguida. En un grupo, los niños que son mirados ponen más en funcionamiento sus capacidades intelectuales. Mirar a los niños es un refuerzo positivo que produce una mejor escucha. Los ojos son proveedores de información. Una mirada insistente permite hacer comprender enseguida al niño que debe cambiar de actitud. La mirada es primordial desde que los niños llegan al aula hasta que se empieza la actividad.

○ *Mi experiencia como profesora*

Enseguida me di cuenta de que hablaba demasiado y, con frecuencia, demasiado alto. La prueba de ello era que después de una semana, tras las vacaciones de verano, me había quedado sin voz. Modulando mi voz, aprendiendo a utilizarla y a utilizar mi cuerpo igual que un actor de teatro en el escenario, pude comprobar que me cansaba menos y que también cansaba menos a mi auditorio. Me atrevo también con los silencios, pues junto con una actitud física apropiada permiten que los niños se preparen para escuchar. Esos instantes de silencio también son portadores de información. Te permiten tomar conciencia del efecto que produce tu discurso sobre la audiencia. Los silencios combinados con elementos no verbales (como las miradas y las posturas) les hacen reaccionar. Del mismo modo, cuanto más fuerte sea la intensidad de la voz, más fuerte hablarán los niños, ya que tienen capacidad de imitación. Además, ¡es importante cuidar la voz!

○ *¡Te toca a ti!*
- **Adapta tu mirada.**
  - Recorre a **todos** los niños con la mirada para establecer contacto.
  - Si hay varios niños, míralos de manera equitativa.
  - Mira fijamente durante más tiempo al niño que no escucha.
  - Alterna miradas benévolas con miradas fijas si el niño no escucha.

- **Modula tu voz.**
  - Modula tu voz según el contexto (los distintos momentos de la jornada) o incluso según el nerviosismo de los niños.
  - Acentúa las palabras importantes.
  - Refuerza la intensidad para recuperar a un alumno que no escucha.
  - Varía la entonación de tu voz para evitar la monotonía.
  - Atrévete con los silencios.

- **Plántate con una sonrisa.**
  - ¡Sonríe! Entrénate sonriendo frente al espejo.

- **Cuida tu gestualidad.**
  - Utiliza tus manos para hablar.
  - Coloca tu dedo índice sobre tus labios para pedir silencio.

- Alarga el brazo, con la mano abierta, cuando un niño te interrumpa, para que te escuche y te deje hablar hasta el final.
- Con el dedo índice, señala tus orejas y tus ojos para pedir que te escuchen.
- Date golpecitos en las orejas para dar a entender que no has oído.
- Posa la mano en el hombro de un niño que no escucha.
- Quédate de pie.
- Mantente abierto corporalmente.
- Colócate delante de los niños.
- Míralos.
- Adopta un comportamiento cordial y amistoso.
- ¡Mantén el buen humor y sonríe!

○ *Balance de la práctica: el gesto/la voz*

Situación puesta en marcha	Evaluación	Argumentación

Herramienta n.° 3:
El canto/La música

○ *En resumen*

Múltiples trabajos, como los del doctor Alfred Tomatis (médico francés, 1920-2001, otorrinolaringólogo, especialista de los trastornos auditivos y del lenguaje, que elaboró el método Tomatis), han destacado los efectos de la música en el funcionamiento del cerebro, no solo para relajarse, sino también para concentrarse y con ello favorecer el aprendizaje.

La música es una herramienta que permite mejorar la atención. La música calma el ritmo cardíaco, relaja. Influye en nuestras ondas cerebrales. Además, desde siempre se ha utilizado para apaciguar al ser humano, para calmarlo, para generar imágenes mentales positivas. Las altas frecuencias de la música son benéficas para el cuerpo humano y alimentan el espíritu. Deben favorecerse para desarrollar las facultades mentales. El violín, la viola, el oboe, la flauta y el piano tienen multitud de altas frecuencias. Al aportar tranquilidad, la música ayuda a tener una mejor disposición para el trabajo. Mejora las capacidades de escucha. Es importante aprender a desarrollar el cerebro, darle los estímulos que necesita. La música lo alimenta. Estudios serios han demostrado el efecto beneficioso de la música de Mozart.

El efecto Mozart es real. El hecho de escuchar música de Mozart permite alcanzar un rendimiento óptimo para una mejor atención. Albert Tomatis y muchos investigadores americanos, como Don Campbell,[3] se han interesado por la música de Mozart en particular.

En *Pourquoi Mozart?*, su último libro, Alfred Tomatis demostró que la música de Mozart tiene una estructura cercana a la del cerebro, así que es muy estimulante antes de emprender cualquier trabajo. Mozart nos permite estar más concentrados si lo escuchamos antes de llevar a cabo una tarea que requiera atención. Su escucha desarrolla las nociones espacio-temporales. Esta música afecta a la concentración. Además, muchas escuelas americanas ponen a Mozart como música de fondo en sus clases. No interfiere con la concentración, todo lo contrario, la aumenta y la mejora.

Sería bueno escuchar a Mozart al menos una hora al día desde los tres años (o incluso antes)[4] para mejorar el rendimiento de la concentración.

Para Alfred Tomatis, el canto gregoriano también tiene virtudes terapéuticas. Mozart tiene más bien una acción dinamizadora, mientras que el canto gregoriano apacigua.

Para Tomatis, el oído de la comunicación es el derecho. También, cuando tengas una información importante que transmitir, dirígete al oído derecho de tu interlocutor.

Todos los fragmentos de piano, de oboe, de flauta o de violín son músicas interesantes para el desarrollo de la concentración.

El conjunto de estas propuestas puede aplicarse tanto en grupo como en casa.

No obstante, también es necesario saber escoger la música en función de la situación.

Por ejemplo, evita poner música que invite al movimiento cuando los niños deban llevar a cabo un trabajo complejo.

○ *¿De qué modo esta herramienta permite captar la atención de los niños?*
Cuidado, no todas las músicas permiten el desarrollo de la concentración. Eso depende de su frecuencia. En efecto, la música que tiene bajas frecuencias es nociva para la concentración porque cansa al organismo. En cambio, la **música** con *altas frecuencias* tiene **virtudes calmantes** y, por lo tanto, favorece la atención y la concentración. También es importante poner música en momentos estratégicos de la jornada. Por supuesto, no todo el tiempo, ya que eso cansa al oído y al cerebro.

Cuando los niños dedican un tiempo a escuchar un poco de música antes de iniciar una nueva actividad, o si están cansados o nerviosos, se facilita la atención y la concentración.

○ *Mi experiencia*

He observado que la música proporciona placer al niño. Me he dado cuenta de que, al principio, el niño escucha la música y eso puede desconcentrarlo. Sin embargo, la música lo calma, lo apacigua. Poco a poco, se olvidará de ella y se concentrará en la tarea que debe llevar a cabo. A mis alumnos les encanta que al llegar a clase por la mañana suene música de Mozart. Durante las sesiones de arte visual, me reclaman sin descanso *La marcha turca*.

Utilizo la música a diario en mi clase, y sin embargo no soy música en absoluto. Así que no dudes en hacerles escuchar música, pues es algo que no exige ni mucho tiempo ni grandes esfuerzos. Persevera, la primera vez quizá se sorprendan. Acepta todas las reacciones.

La música ejerce un poder en los niños y en el cerebro humano, de eso no cabe ninguna duda. La música tiene una influencia positiva en ellos cuando trabajan o juegan. Cuando por la mañana no suena Mozart, ¡mis alumnos me lo reclaman!

Las canciones y las cancioncillas ayudan a los niños no solo a desarrollar su lenguaje sino también su capacidad de atención, su memoria y su sentido del ritmo.

○ *¡Te toca a ti!*

- Hazte con un reproductor de CD y varios CD o con un lector de MP3.

- Eventualmente puedes decirles a los niños el nombre del fragmento escuchado y del compositor. No dudes en informarte sobre la obra y el autor en cuestión.
- Vigila el nivel sonoro de la música, tiene que ser agradable para el niño.
- Prepara los CD antes de empezar la actividad con el fin de que los niños no relajen su atención cuando pongas la música.
- Ten en cuenta a los niños. Si no les gusta una música en concreto, es mejor no insistir. Es preferible buscar músicas que les gusten y que te sirvan para la actividad que quieras hacer.

Aquí tienes una lista no exhaustiva de música que se puede escuchar:
- Mozart, su obra completa.
- Haydn, *Sinfonía n.º 67 en fa mayor.*
- Haydn, *Sinfonía n.º 69 en si mayor.*
- Haydn, *Concerto n.º 1 en do mayor para violín y cuerdas.*
- Haydn, *Concerto n.º 2 en sol mayor para violín y cuerdas.*
- Vivaldi, *Las cuatro estaciones.*
- Vivaldi, *Cinco conciertos para flauta y orquesta de cámara.*
- Vivaldi, *Concierto en do para flauta.*
- Vivaldi, *Concierto en do para oboe.*
- Vivaldi, *Concierto para viola de amor.*

- Bach, *Sinfonía en do mayor*.
- Bach, *Sinfonía en re mayor*.
- Bach, *Fantasía en sol mayor*.
- Bach, *Fantasía en do menor*.
- Händel, *Música acuática*.
- Händel, *Concerto Grosso, op. 3, n.ºs 1, 2, 3, 5*.
- Händel, *Concerto para órgano y orquesta*.
- Corelli, *Concerto Grosso, op. 6, n.º 3, 5, 8, 9*.
- Corelli, *Concerto Grosso, op. 4, 10, 11, 12*.
- Beethoven, *Concerto n.º 5 en mi bemol mayor para piano y orquesta (op. 73)*.
- Beethoven, *fragmentos para piano, op. 12, 38, 43, 47*.
- Grieg, *fragmentos para piano, op. 12, 38, 43, 47*.

A saber: hay otro tipo de música New Age, como la creada por el músico americano Steven Halpern, que ayuda a la concentración, como *Music por Accelerated Learning*.

¿Cómo?
- No pongas la música constantemente.
- Crea momentos musicales durante la jornada.
- Escuchad un fragmento de música antes de iniciar una nueva actividad o cuando están cansados o nerviosos.
- Haz que los niños canten, eso les enseña a estar más concentrados.
- Enséñales canciones cortas, canta con ellos para volver a poner en marcha su atención.

- Anímales a que hagan ritmo con el cuerpo (dar palmas, dar con las manos en los muslos, mover los pies, etcétera). Con esto también desarrollan su capacidad de atención y de concentración.

¿Cuándo?
- Para recibir a los niños por la mañana.
- Para calmarlos.
- Para terminar el día con tranquilidad e invitarlos a marcharse del aula tranquilamente.
- Para aguantar una actividad. Entonces se trata de poner un fondo musical adaptado mientras los niños hacen una actividad individualmente o en grupo.

A continuación, dos juegos de ritmo para practicar:

Juego 1

- En silencio absoluto.
- Palmead nuestros muslos con las manos.
- Conseguid un tempo común.
- Acelerad.
- Desacelerad.
- Cada vez más fuerte.
- Cada vez menos fuerte.
- Repetidlo todo sin mirar, daos la vuelta.

Juego 2

- Haz palmas varias veces (4, 5 veces) cambiando el ritmo.
- Los niños repiten el ritmo que acabas de hacer dando palmas.
- Volved a empezar varias veces.

○ *Balance de la práctica: el canto/la música*

Situación puesta en marcha	Evaluación	Argumentación

Herramienta n.º 4: La comunicación benévola

○ *En resumen*

Captar la atención de los niños también es emplear palabras que les lleguen, que comprendan. También es estar atento a su estado.

Para ser escuchado, también hay que saber escuchar y encontrar las palabras justas con los niños.

Para ser escuchado, es importante tener una actitud y un vocabulario adecuados. Saber comunicar con niños para que nos escuchen es a menudo un verdadero desafío. Muchos autores, como Thomas Gordon y Marshall Rosenberg, han elaborado herramientas eficaces para facilitar el diálogo entre los seres humanos.

Según la pediatra Catherine Gueguen, «las palabras humillantes destruyen neuronas».[5] Efectivamente, estudios científicos muestran que una relación bondadosa y empática favorece el buen desarrollo de los niños. Los lazos creados por una relación bondadosa con los niños tienen una influencia positiva en las capacidades de aprendizaje, de memorización y de atención. Es evidente que palabras como: «Eres torpe», «Eres un verdadero desastre» o «¡Qué inútil!» generan tensión y estrés, e impiden cualquier forma de escucha o de atención. ¡Los oídos se cierran y el cerebro se bloquea!

Para favorecer una comunicación benévola y, por lo tanto, una mejor escucha, Marshall Rosenberg, psicólogo humanista americano (1934-2015), elaboró en los años sesenta el proceso de la Comunicación No Violenta, llamada «CNV». Se trata de crear una calidad de relación con uno mismo y con los demás. Es una herramienta valiosa para mejorar la calidad de la comunicación con los niños y con ello captar su atención. La CNV se basa en tres principios:

1. Observar la situación (dejar de lado los propios prejuicios).
2. Identificar nuestros sentimientos (en relación con la situación, el otro no es responsable de nuestros sentimientos).
3. Identificar nuestras necesidades (los sentimientos que experimentamos corresponden a una necesidad no satisfecha).
4. Formular una demanda clara para satisfacer nuestros sentimientos.

Este método parece sencillo, pero requiere una gran dosis de práctica.

En cuanto a Thomas Gordon (1918-2002), doctor en psicología clínica, su método retoma las investigaciones sobre la satisfacción de las necesidades de Maslow.[6] Reconocer nuestras necesidades, comprender al otro, autoafirmarse en una relación en la que ambas partes salen ganando. Ante un problema, adultos y niños encuentran una solución, nadie sale perdiendo. Cada cual ha sabido expresar sus necesidades y tener en cuenta las del otro. El método se basa en dos principios: el uso del «yo» y la escucha activa basada en la empatía y la reformulación.

La empatía es una cualidad que se adquiere y que se desarrolla. Es la capacidad de comprender al otro, de comprender sus intenciones, sentir y percibir lo que el otro siente sin juzgarlo. La mejor manera que hay de desarrollar esta capacidad es practicar la auto-empatía, es decir, abrazar nuestros sentimientos o nuestras emociones sin sentirse culpable.

La reformulación vuelve a precisar, con las propias palabras, las ideas o las necesidades expresadas por los demás.

○ *¿De qué modo esta herramienta permite captar la atención de los niños?*

Tanto nuestra actitud como nuestro discurso son importantes para captar la atención de una audiencia joven. Nuestras palabras deben estar impregnadas de humor, de dinamismo y de alegría.

Según la situación que sea, tampoco es necesario hablar mucho. Una palabra basta a veces para hacerse comprender y captar la atención.

La primera obra del padre de la CNV, Las palabras son ventanas… o paredes, expresa muy bien la importancia de las palabras. Abrir ventanas es captar la atención, es ser escuchado.

Es necesario ser firme.

Es importante combinar comunicación verbal y no verbal. El discurso debe ser claro, conciso y corto.

- Utiliza el humor. El humor es muy útil a la hora de desdramatizar situaciones y ayuda a que los niños estén más atentos. Cultiva tu sentido del humor.
- Ten compasión.
- Ten empatía (y autoempatía)
- Sé tolerante.

- Sé respetuoso.
- Sé inventivo, creativo.
- Sabe cómo expresar tus propias necesidades.
- Escoge las palabras justas.
- Sé explícito.
- Sé breve.
- Rechaza las amenazas, las humillaciones, que cierran los canales de escucha.
- Aclara tus propias expectativas.
- Di: «Yo», en vez de «Hay que» o «Debes»…

◌ Mi experiencia

¡Es mágico!

He constatado que las órdenes tienden a taponar los oídos de los niños. Con el «haz esto» o «haz lo otro» no escuchan, se crispan. En cambio, el humor, la sorpresa y el tener en cuenta sus emociones hacen que los niños se vuelvan mucho más receptivos.

Recuerdo a aquel niño que, tras el recreo, entró en la clase a toda velocidad y dando un fuerte golpe en la puerta. Estoy segura de que, si lo hubiera regañado, ¡habría sido peor! Me acerqué a él y le dije: «Ya veo que estás enfadado, o incluso muy enfadado. Desconozco las razones. Me las puedes escribir o dibujar en un papel. Ahora te pido que te portes bien, porque necesito pasar una buena tarde con todos los alumnos aquí presentes». Como por arte de magia, el niño se calmó. Había tenido en cuenta sus sentimientos…

También recuerdo el estado en que me encontré la cocina de mi casa al llegar un día por la tarde (el fregadero hasta arriba de platos sucios, harina y cáscaras de huevo… en la encimera y por el suelo). Mis hijos estaban tirados en el sofá. Habría podido gritar y proferir amenazas. En cambio, preferí «hacer teatro», actué: «*Hola, hola, aquí Mary Poppins, necesito ayuda para recoger la cocina… Pues sí, a Conchita se le ha olvidado hacer su trabajo*».

Sonrieron y vinieron a ayudarme. El juego, el humor… movilizan la atención de los niños. Pero aquí, una vez más, hay que saber hacer malabares.

Comunicar bien es un arte. Para captar la atención de los niños es bueno ser auténtico, expresar las propias necesidades y tener en cuenta el estado emocional del niño al que nos dirigimos. El humor es una herramienta, pero también aquí hay que saber dosificarlo, a riesgo de desperdiciarlo. Habla poco, lo justo, y ¡sé explícito!

○ *¡Te toca a ti!*
Para captar la atención:
- adopta una voz dulce, amable;
- anima a que te escuchen más con un tono de voz tranquilo y reposado;
- piensa en lo que siente el niño o haz que exprese lo que siente;
- intenta sonreír;
- sé realista;
- ten sentido del humor sin ser sarcástico;

- habla poco, solo lo justo;
- sé explícito en las demandas;
- proscribe ciertas expresiones hechas y malintencionadas.

Algunos ejemplos:

No decir	Decir	¿Por qué?
¡Tranquilízate!	*¡Madre mía! Estás enfadadísimo(a)…*	El humor desdramatiza.
Tus zapatos están tirados en el pasillo. Podrías pensar en los demás…	*¡Tus zapatos!*	Habla poco. Señala (por ejemplo, los zapatos) para recordar lo que esperas. Evita dar sermones.
¡No has recogido tu cuarto!	*Estoy decepcionado(a) al ver tu cuarto desordenado, no puedo pasar el aspirador…*	Hablar en primera persona ayuda al niño a comprender por qué desaprobamos su actitud.
¡Eres un desordenado!	*No me resulta agradable encontrarme todas tus cosas desperdigadas por el cuarto de estar. Me vas a ayudar a recoger, ¿vale?*	Evita los juicios. Constata, pero no juzgues.
Te lo dejas todo tirado. Estoy harto(a) de este desorden…	*Estoy cansado(a) de este desorden. Necesito que esta habitación esté bien ordenada. ¿Qué te parece? ¡Sería genial que ahora dedicaras un rato a ordenar!*	Aquí estamos haciendo una petición en vez de exigir. Hablar en primera persona anima a cambiar…

No decir	Decir	¿Por qué?
¡Me ponéis nervioso(a)!	*¡Estoy nervioso(a) por culpa de vuestra actitud!*	Es mejor expresar cómo se siente uno que acusar.
¡Pon la mesa!	*Me gustaría que pusieras la mesa. O: Necesito tus manitas para ayudarme a poner la mesa.*	Expresa de manera explícita lo que necesitas sin dar la sensación de que se trata de una orden.

○ *Balance de la práctica:*
la comunicación benévola

Situación puesta en marcha	Evaluación	Argumentación

Herramienta n.° 5:
Los mapas mentales

○ *En resumen*
El término «mapa mental» es una traducción del inglés *mind map*. El psicólogo británico Tony

Buzan es el autor de este concepto, que se desarrolló en los años setenta.

Se trata de una herramienta que ayuda a comprender y a organizar todo lo que ya sabemos acerca de un tema (una especie de *brainstorming*, o tormenta de ideas) o que permite resumir de manera gráfica un nuevo concepto. Un mapa representa la manera en que pensamos. Le permite al niño ser autónomo, revisar, resumir…

El mapa mental se construye como un árbol. En el medio se encuentran el tema principal, y las ramas y ramificaciones son para las ideas secundarias. Se trata de esquematizar el tema. Se pueden integrar en él fotografías o dibujos.

○ *¿De qué modo el mapa mental permite captar la atención de los niños?*
Su aspecto lúdico, creativo y coloreado, la reactivación de los conocimientos, la movilización de los saberes adquiridos con frescura, la organización y la estructuración de los conceptos mejoran de manera considerable las cualidades de atención, de comprensión, de memorización, de reflexión y de imaginación. El mapa mental permite que el niño se mantenga centrado en el tema.

○ *Mi experiencia*
La creación del mapa mental genera mucho entusiasmo. Los múltiples colores, los dibujos, el hecho de que cada mapa sea personalizado y

único motiva al niño y acapara toda su atención. El niño pone todo su empeño en hacer un mapa bonito, original, que recupere los conceptos clave que debe memorizar. Estos mapas tienen además otras virtudes: ayudan a la memorización y le permiten al niño aprender más rápido y mejor sin cansarse. El niño aprende mientras disfruta. Al principio será necesario guiarlo cuando haga su mapa. En general, para ayudar a comprender esta organización arborescente se recurre a la imagen de un árbol. La idea central es el tronco, de donde salen las ramas grandes sobre las cuales crecen ramas más pequeñas.

○ *¡Te toca a ti!*
  ¿Cuándo?
  • De manera individual o en grupo.
  • Para repasar antes de un examen.
  • Para hacer balance de las nociones anteriores (como pequeño recordatorio de los conocimientos…).
  • Para elaborar un rastro escrito de una lección.
  • Para organizar la jornada.

  ¿Cómo?
  Los principios que se muestran a continuación no son más que una guía para construir un mapa mental eficaz. Puedes modificarlos en función de tus necesidades.
  • Utiliza preferentemente una hoja sin líneas de formato apaisado.

- Escribe el tema del mapa en el centro de la página.
- Coloca la primera rama a la una y cinco, y a continuación las demás en sentido de las agujas del reloj.
- Cambia de color en cada rama.
- Utiliza palabras clave sobre las ramas.
- Pinta o pega imágenes.
- Juega con el tamaño de las palabras.
- A continuación, dibuja las ramas secundarias que tratan de ideas que tienen que ver con el tema.
- Rellena el espacio de la hoja de manera equilibrada.

Los mapas mentales pueden ser escritos a mano o a máquina.

Veamos dos modelos de mapa mental:

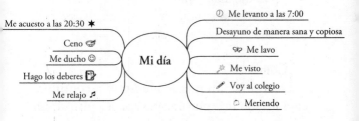

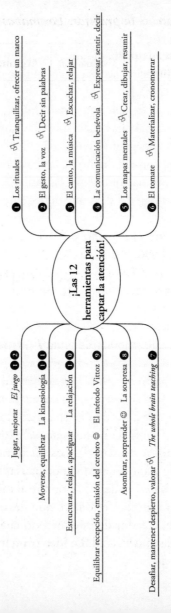

¡Las 12 herramientas para captar la atención!

1. Los rituales ✍ Tranquilizar, ofrecer un marco
2. El gesto, la voz ✍ Decir sin palabras
3. El canto, la música ✍ Escuchar, relajar
4. La comunicación benévola ✍ Expresar, sentir, decir
5. Los mapas mentales ✍ Crear, dibujar, resumir
6. El tomate ✍ Materializar, cronometrar

Jugar, mejorar *El juego* ① ②

Moverse, equilibrar La kinesiología ⑪

Estructurar, relajar, apaciguar La relajación ⑩

Equilibrar recepción, emisión del cerebro ☺ El método Vittoz ⑨

Asombrar, sorprender ☺ La sorpresa ⑧

Desafiar, mantener despierto, valorar ✍ *The whole brain teaching* ⑦

○ *Balance de la práctica: Los mapas mentales*

Situación puesta en marcha	Evaluación	Argumentación

Herramienta n.° 6: La técnica del tomate

○ *En resumen*

La técnica del tomate llamada *Pomodoro* es una técnica de planificación desarrollada por un italiano, Francesco Cirillo, a finales de los años ochenta. Este método se basa en el uso de un minutero que permite respetar periodos de veinticinco minutos llamados *pomodori* (que en italiano significa «tomates»). Los distintos periodos de trabajo estar separados por pausas cortas. El método *Pomodoro* debe su nombre al minutero de cocina con forma de tomate que fue el primero que usó el creador de este método cuando estudiaba en la universidad. **La idea principal de este**

método es que las pausas regulares favorecen la agilidad intelectual y ayudan a captar la atención sobre la tarea a realizar.

La técnica se presenta en cinco etapas:

1. decidir la tarea a llevar a cabo;
2. ajustar el minutero a veinticinco minutos;
3. trabajar en la tarea hasta que suene el minutero;
4. hacer una pausa corta (cinco minutos);
5. cada cuatro *pomodori*, hacer una pausa un poco más larga (de quince a veinte minutos).

○ *¿De qué modo esta herramienta permite captar la atención de los niños?*

Los alumnos captan su atención más fácilmente ya que saben que se cronometra la tarea. Después, hay que dejar un tiempo para que los niños respiren un poco, hablen, aunque no mucho…, y, sobre todo, descansen.

A los niños que no soportan el silencio, el ruido del minutero los tranquiliza.

○ *Mi experiencia*

Esta herramienta es muy práctica. Naturalmente, hay que ajustar el minutero en función de las necesidades y la edad de los niños.

La utilizo cuando hacemos un trabajo en grupo. Los alumnos tienen una tarea que llevar a cabo en un tiempo concreto que indica el minutero. Cuando trabajo con un grupo de alumnos y no quiero que otros me interrumpan, el minutero les informa de en qué momento me podrán preguntar (dentro de diez o veinte minutos). Durante el tiempo que indica el minutero, lanzo mis desafíos: prohibición de hablar, copiar un texto sin errores, recitar las tablas de multiplicación, repasar la lección…

○ *¡Te toca a ti!*
- ¡Proveéte de un minutero!
- Ajusta el tiempo en función de la actividad y, naturalmente, la edad de los niños.
- Describe de manera precisa la tarea a llevar a cabo durante el tiempo concedido.
- Ofrece un tiempo de pausa de cinco minutos después de esta actividad.
- Vuelve a empezar varias veces si es necesario.

¿Cuándo?
- Para realizar un trabajo individual o en grupo.
- Para limitar el tiempo de ejecución de una tarea.
- Para animar al niño (pausa cada veinticinco minutos).
- Para hacer los deberes del colegio por la tarde en casa.
- Para jugar en colectividad un tiempo determinado.

○ *Balance de la práctica: la técnica del tomate*

Situación puesta en marcha	Evaluación	Argumentación

Herramienta n.°7:
El Whole Brain Teaching

○ *En resumen*

Creado por Chris Biffle, el *Whole Brain Teaching* es en primer lugar una herramienta para gestionar una clase. Sin embargo, esta herramienta puede utilizarse para gestionar un grupo de niños o incluso un solo niño.

Chris Biffle imparte conferencias por todo Estados Unidos. Se pueden encontrar numerosos recursos sobre el *Whole Brain Teaching* de manera gratuita en Internet.

El objetivo de su método es que el niño permanezca centrado en su actividad. La idea principal de esta actividad es que la atención de un niño siempre debe mantenerse, pase lo que pase, o reactivarse si parece que se pierde…

Su método se fundamenta en cinco reglas y varios componentes:

1. aplico las consignas muy deprisa;
2. levanto la mano para hablar;
3. levanto la mano para levantarme;
4. doy lo mejor de mí mismo;
5. hago que mi profesor(a) (educador/a) esté contento(a).

○ *¿De qué modo esta herramienta permite captar la atención de los niños?*
Esta herramienta despierta todas las zonas del cerebro. Obliga al niño a estar despierto; en tanto que actor, mantiene toda su atención. Esta herramienta es un verdadero juego que hace que el niño esté activo.

○ *Mi experiencia*
¡Es extraordinaria! Los niños están activos y parecen salir ganando.

○ *¡Te toca a ti!*
A continuación te propongo las reglas y los componentes de este método, que deberás adaptar en función de tus necesidades. Esta herramienta se aplica en la escuela, pero también es fácilmente aplicable en distintas estructuras. Basta con cambiar algunas palabras.

- Haz que aprendan las cinco reglas.
- Asocia esas reglas a gestos.
- Haz que repitan con regularidad esas reglas con el fin de que se conviertan en automáticas.
- Cúelgalas en el aula.
- Di el **número** de la regla que no es respetada por un niño; el resto del grupo debe repetir la regla no aplicada por el niño en cuestión.

Ejemplo: El adulto dice: «Regla número 2».

Los niños dicen: «Levanto la mano para hablar».

Entonces el niño se acuerda de que, para hablar, es obligatorio levantar la mano.

○ *El método y sus herramientas*

Este método se compone de cinco herramientas desarrolladas a continuación. Puedes utilizar estas herramientas en su conjunto o utilizar solamente las que más te convengan o que mejor se ajusten a tus necesidades.

❶ Manos y ojos: la posición de escucha

– Di a los niños: «**Manos y ojos**» o: «*Class?*» (ver abajo), y tienen que mirarte en posición de escucha, es decir, con las manos cruzadas. Si están sentados, los pies deben estar planos sobre el suelo, y la espalda, recta pero no arqueada.

❷ *Class? Yes!* Para llamar a los niños y captar su atención.

– Di: «*Class?*» (o: «Clase» o: «Grupo»), y los niños deben responder: «*Yes*» (o: «Sí»…).

– Varía el tono de tu voz (grave, aguda, susurro, grito…). Los niños responden: «*Yes*» de la misma manera en que tú has dicho: «*Class*». Se hace el silencio de inmediato. Están atentos, ¡incluso los más pequeños! Se ponen en posición de escucha..

❸ Espejo Espejo

– Di: «Espejo Espejo». A partir de ese momento (acordado de antemano), los niños repiten todo lo que dices.

❹ ¡Enseñad (explicad)! ¡OK!/¡Cambiad!/¡OK!
Una vez explicada la consigna o la noción:

– Di a los niños: «*Teach*» (o: «Enseñad», o incluso: «¡Os toca!»). Responden: «¡OK!» Se ponen de dos en dos. El que está a la derecha le explica al que tiene a la izquierda (adaptar según las necesidades). Después de unos instantes, di: «¡Cambiad!», y responden: «¡*OK!*», se invierten los roles…

❺ El marcador de las recompensas: el *scoreboard*
Esta herramienta permite mantener a los niños motivados para realizar los ejercicios presentados a continuación. Se presenta de la siguiente manera:

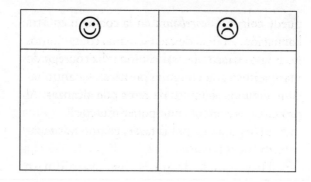

☺	☹

Esta tabla consta de dos columnas, una positiva y una negativa. Cada vez que el grupo responde a las expectativas, marca un punto en la parte positiva, y a la inversa. Poner un palito en la columna positiva cuando se logra el reto o en la columna negativa si el reto o las expectativas no se cumplen. Te aconsejo que plastifiques el *scoreboard* o lo introduzcas en una carpetilla de plástico y que marques los puntos con rotulador borrable.

Recomiendo establecer el número de puntos que deben alcanzarse y recompensar al grupo cuando se haya conseguido el objetivo, o contar los puntos al final de la semana.

La recompensa puede ser ofrecerles un rato de lectura, una pausa más larga, una sesión de cine, un juego colectivo, una salida…

Este método es igualmente válido con pocos niños. Incluso en casa puede utilizarse un *scoreboard* y el sistema de recompensa. Es importante establecer las reglas con el niño de antemano. Se puede colgar el *scoreboard* en la cocina o en otra habitación. Al final de cada semana, contar juntos los puntos y recompensar al niño si ha conseguido más palitos en la columna positiva. A continuación, algunos ejemplos de retos que alcanzar. Al principio es preferible no poner muchos.

- Al llegar a casa por la tarde, guardo mis zapatos en el armario.
- Hago mis deberes en un tiempo determinado.
- El sábado por la mañana, ordeno mi habitación.
- No refunfuño…
- Doy lo mejor de mí mismo…

○ *Balance de la práctica:*
El Whole Brain Teaching

Situación puesta en marcha	Evaluación	Argumentación

Herramienta n.° 8: La sorpresa

○ *En resumen*

La sorpresa es el «**estado de alguien que está impresionado por algo inesperado...**», según la definición del diccionario Larousse.[7]

En lo que se refiere a esta herramienta, no existe ninguna metodología en particular ni ningún enfoque científico de verdad. Sin embargo, hay estudios del ámbito de las neurociencias, especialmente, que demuestran que lo inesperado, la sorpresa, avivan la curiosidad y captan con más facilidad el interés. La curiosidad pone contento y facilita el aprendizaje. El gusto por la puesta en escena, el juego, el humor, la imaginación y la creatividad son bazas irrefutables que explotar y desarrollar para generar «sorpresa».

○ *¿De qué modo esta herramienta permite captar la atención de los niños?*

Al no ser como de costumbre, al ser diferente, captamos la atención de los niños. Están atrapados, sorprendidos, boquiabiertos. Todos sus sentidos están alerta. ¡No quieren perderse nada lo que les estás contando!

○ *Mi experiencia*

Los niños disfrutan con las novedades cuando estas están bien preparadas y organizadas. Las sorpresas deben ser controladas para evitar la dispersión. Y, naturalmente, no deben ser repetitivas.

○ *¡Te toca a ti!*

A continuación te propongo algunas ideas para generar sorpresa:

- cantar la consigna, la información que dar;
- hacer mimo con la consigna…;
- disfrazarse;
- narrar/contar historias que contengan información importante que repetir.

○ *Balance de la práctica: la sorpresa*

Situación puesta en marcha	Evaluación	Argumentación

Segunda parte

Herramientas para aprender a estar atento

Ejercicios prácticos

Herramienta n.º 9:
El método Vittoz

○ *En resumen*

Este método fue elaborado por un médico suizo llamado Roger Vittoz (1863-1925) a finales de siglo XIX. Cansado y sin vitalidad de resultas de una escarlatina, Vittoz crea su método. Al constatar los efectos positivos de este, decide entonces aplicarlo a sus pacientes. Hasta el día de su muerte, tratará, aliviará e incluso curará a enfermos diagnosticados como incurables con ayuda de su método. Todavía hoy en día se utiliza para tratar el estrés, el nerviosismo, la fatiga, el malestar y la falta de concentración. Es válido tanto para adultos como para niños.

El método permite **aumentar las capacidades de escucha/de atención mediante un reequilibrio de las dos funciones del cerebro: recibir y emitir.** Sin embargo, el cerebro no puede emitir y recibir al mismo tiempo, porque si no se produce un desequilibrio. La finalidad de este método es establecer el equilibrio entre esas dos funciones.

Efectivamente, el niño (como le ocurre al adulto, por cierto) no siempre controla sus pensamientos. Lo invaden ideas parásitas y le cuesta mucho desterrarlas. Suele ocurrir después del recreo o tras un largo fin de semana un poco demasiado festivo… Esto comporta dificultades de atención. En ese caso, al cerebro del niño ya no le queda espacio para almacenar nueva información. Se encuentra en un estado de emisión que interfiere con cualquier posibilidad de recibir nueva información. Este método, consistente en ejercicios sencillos, fue concebido para entrenar poco a poco el ánimo para concentrarse.

Consiste en un método de reeducación psicológica basado en la receptividad psicosensorial. En concreto, este método consiste, por medio de ejercicios sencillos y fácilmente aplicables en la vida diaria, en restablecer el equilibrio cerebral para incrementar las facultades y el bienestar personal. Por ejemplo, comer una manzana con plena consciencia; acoger (= sentir) las distintas sensaciones que eso provoca en los cinco sentidos.

Para lograr una mayor eficacia, es importante practicarlas con regularidad.

○ *¿De qué modo esta herramienta permite captar la atención de los niños?*
Este método es lúdico. Al practicar los ejercicios, el niño está totalmente atento a lo que hace. Estos ejercicios, que le permiten desarrollar sus capacidades de escucha, hacen, sin duda, que el niño esté más atento.

○ *Mi experiencia*
Propongo hacer estos ejercicios antes de iniciar una nueva actividad. Empiezo con un retorno a la calma (relajación, ritmo, cantos).

Planteo estos ejercicios como un pequeño juego. Los niños a menudo se apuntan a hacerlos con facilidad. Practico también estos ejercicios en grupos reducidos durante las sesiones de apoyo escolar. Al hacerlo, he comprobado que su escucha ha mejorado rápidamente.

Los niños también pueden practicar estos ejercicios antes de hacer los deberes.

○ *¡Te toca a ti!*
- Propón al niño o a un grupo de niños los ejercicios diarios que encontrarás abajo.
- Realizad algunas respiraciones o algunos ejercicios de ritmo para crear un ambiente de calma antes de practicar los ejercicios.
- Adopta la siguiente postura para que sirva de modelo para los niños: sentado, con la espalda recta pero no arqueada y los pies planos sobre el suelo.
- Haced cada serie (hay tres series de tres ejercicios cada una) durante tres o cuatro días y luego pasad a la siguiente serie.
- Adopta una voz tranquila y pausada.

SERIE 1
Cada ejercicio dura unos diez segundos. Fomentarán la atención y la concentración del niño.

Ejercicio n.º 1
- Cerra los ojos.

- Imaginar una carretera bordeada a cada lado de una hilera de árboles.
- Mirar los árboles que tengáis más cerca y seguir con la mirada los árboles de cada lado hasta que estos se vuelvan cada vez más pequeños y se fundan en un solo punto en el horizonte.

Ejercicio n.° 2
- Con los ojos abiertos, trazar en el espacio, con el dedo índice de la mano derecha, el signo del infinito (un ocho acostado) partiendo desde el centro.
- A continuación hacer lo mismo con la mano izquierda.
- Volver a hacer lo mismo pero esta vez con los ojos cerrados.
- Todavía con los ojos cerrados, trazar mentalmente ese signo a la derecha y luego a la izquierda, sin mover las manos.

Ejercicio n.° 3
- Colga en la pizarra o en una pared cinco fotos que representen distintos objetos (libro, teléfono, tijera, pelota…), o incluso coloca sobre una mesa cinco objetos.
- Situarlos unos detrás de otros.
- Ir quitándolos, empezando por el último que ha sido colocado.
- Cerrar los ojos.

- Volver a hacer este ejercicio mentalmente: visionar los objetos colocados uno tras otro y luego quitarlos, uno después de otro.

SERIE 2

(Pasar a la serie 2 tras haber practicado la serie 1 durante tres o cuatro días o cuando el niño consiga hacer perfectamente la serie 1).

Ejercicio n.º 1
- Imaginar detrás de los párpados cerrados una pizarra (verde o blanca). Como la de la clase, por ejemplo.
- Imaginarse a uno mismo escribiendo en esa pizarra el número 1, y luego el 2 y el 3.
- Cuando se vean bien los tres números, borrar mentalmente el 3, luego el 2 y luego el 1.

Ejercicio n.º 2
- Cerrar los ojos.
- Imaginarse a uno mismo escribiendo en una pizarra la palabra: «PARÍS».
- Borrar la «S», la «Í», la «R», la «A» y la «P».

Ejercicio n.º 3
- Cerrar los ojos.
- Imaginarse el capullo de una flor.
- Visionar la flor abriéndose suavemente hasta abrirse del todo con un movimiento lento y regular.

- Relajarse.
- ¿Sientes que tú también te abres a la vez que la flor?

SERIE 3
Ejercicio n.° 1
- Cerrar los ojos.
- Imaginarse a un niño en un columpio.
- Seguir el movimiento de ir y venir del columpio.
- Seguir observando el movimiento del columpio, que se va tornando cada vez más lento hasta que se para del todo.

Ejercicio n.° 2
- Cerrar los ojos.
- Respirar lentamente.
- Contar 1 en la primera inspiración, 2 en la primera exhalación, 3 en la segunda inspiración, 4 en la segunda exhalación..., y así hasta 20.

Ejercicio n.° 3
- Cerrar los ojos.
- Relajarse.
- Respirar lentamente diez veces intentando no pensar en nada más.

○ *Balance de la práctica: el método Vittoz*

Situación puesta en marcha	Evaluación	Argumentación

Herramienta n.° 10: La relajación

○ *En resumen*

Existen distintos métodos de relajación. El objetivo que tienen en común es el bienestar físico, mental y emocional. Entre estos métodos se encuentra la sofrología, desarrollada en los años sesenta por el neuropsiquiatra colombiano de origen español Alfonso Caycedo. Esta técnica es un compendio de técnicas occidentales (hipnosis) y orientales (meditación, yoga, *zazen*…). La primera escuela de sofrología es la escuela caycediana, pero hoy en día existen varias corrientes y escuelas. La sofrología aúna respiración, relajación muscular y visualización.

Por lo que se refiere al yoga, se trata de una disciplina ancestral (4000-5000 a. C.) de origen indio. En sánscrito, «yoga» significa: juntar, unión, yugo. Esto traduce la idea de una armonía interior, de una unión entre el cuerpo, el espíritu y las energías. El yoga permite relajar el cuerpo y la mente. Nos permite aprender a respirar correctamente, y también a concentrarnos.

○ *¿De qué modo esta herramienta permite captar la atención de los niños?*
Las sesiones permiten que el niño se relaje, tome conciencia de su cuerpo y de su respiración, esté en el aquí y ahora y se prepare para escuchar.

Cuando el niño está particularmente nervioso, practicamos series de respiraciones durante las cuales la exhalación es más larga. Cuando el niño está más apagado, realizamos respiraciones más dinamizantes.

La relajación también permite al niño deshacerse de emociones negativas que perturban su atención. También le permite crear anclajes con los que mejorar la confianza en sí mismo…
Este método tiene un efecto calmante desde el punto de vista emocional, permite centrar la atención y ayuda a estar en el momento presente. También enseña a controlar la respiración. Quien controla la propia respiración controla las propias emociones.

La relajación alineada con la respiración facilita la relajación muscular y aumenta la disponibilidad y la concentración del niño. También permite que las energías circulen disminuyendo las tensiones molestas, y estimula la energía.

Estas prácticas de relajación propuestas a los niños hacen que estos estén más disponibles en sus cuerpos. También permiten crear rupturas en los aprendizajes, haciendo que a continuación estén más atentos. **Las sesiones deben ser cortas, basta con cinco o seis minutos.**

○ *Mi experiencia*

Hace años que practico minisesiones de relajación en mi clase y con mis propios hijos. Las primeras sesiones fueron poco concluyentes y podría haberlo dejado enseguida. Sin embargo, hoy en día, cuando me doy cuenta de los efectos positivos que tiene la relajación en los niños, me alegro de no haber abandonado el empeño. Los niños adoran esos momentos y me los reclaman.

Los ejercicios que propongo aquí son muy sencillos. Utilizan la respiración como soporte para el desarrollo de la atención y de la concentración. Efectivamente, la base de una buena atención o concentración reside en la respiración. Con el fin de poner en orden la mente, hay que aprender a parar y a respirar sin pensar en nada más que en la respiración.

¡Con tan solo unos minutos al día, obtendrás enseguida muy buenos resultados! Lo mejor es tratar de hacer un ejercicio cada día.

¡Persevera!

○ *¡Te toca a ti!*

A continuación, algunas prácticas que puedes realizar con un niño o con un grupo de niños. La base de cada ejercicio está en la respiración. El objetivo es juntar la mente y el cuerpo empezando por relajarse y respirar para aumentar las capacidades de atención. Después de estos ejercicios, los niños estarán más dispuestos a escuchar y trabajar.

- Propón un ejercicio al día en función de las necesidades del niño o de los niños. Estos ejercicios tienen casi la misma finalidad; propongo varios con el fin de variar las sesiones.
- Practicad estas sesiones en un lugar donde no tengáis interferencias y que sea agradable. Debéis crear vuestro lugar de relajación.
- Explica a los niños cómo funciona nuestro sistema respiratorio.

En la inspiración (interior), el aire entra por la nariz o la boca y luego va a los pulmones. La barriga se hincha como un globo.

En la exhalación (exterior), el aire sale por la nariz o la boca, y la barriga se deshincha.

El saludo al trabajo[8] (antes de adquirir nuevas competencias o de hacer los deberes)

- Sentado delante de una mesa de trabajo, con la espalda recta pero no arqueada y las manos colocadas sobre la mesa.
- Empezar soplando por la boca.

- Inspirar por la nariz, hinchar la barriga, el tórax y los hombros mientras se levantan los brazos hacia el cielo.
- Soplar por la boca, flexionar los brazos y colocar los puños detrás de la cabeza.
- Inspirar por la nariz, manteniendo los puños detrás de la cabeza, y estirar los codos hacia atrás.
- Exhalar inclinándose hacia delante, hacia la mesa de despacho, manteniendo los puños detrás de la cabeza.
- Inspirar, volver a la posición inicial y repetirlo dos veces más.
- Hacer esta serie lentamente con los niños.

El saludo al descanso o al relax relámpago (para relajarse en cualquier momento sin moverse de sitio)
- Colocar los brazos sobre la mesa, con una mano encima de la otra.
- Colocar la frente o la mejilla sobre las manos.
- Escuchar música o el tic tac del péndulo o del minutero (entre cinco y seis minutos).
- Estirarse, bostezar…

El soplido relajante (para apaciguarse)
- Soplar.
- Inspirar por la nariz contando hasta tres.
- Soplar lentamente imaginando una pequeña pluma (o una pompa de jabón)

que vuela gracias al soplido y que se aleja poco a poco.

- Seguir la pluma durante el mayor tiempo posible soplando suavemente (o la pompa de jabón hasta que explote).
- Empezar de nuevo por lo menos tres veces seguidas o más si es necesario.

Chis
- Inspirar profundamente.
- Detener la respiración llevándose el dedo índice a los labios como diciendo: «Chis».
- Exhalar lentamente diciendo: «Chis» y alejando el dedo de los labios hasta que ya no se sienta más aire en el dedo.

La pelota grande
- De pie o sentado.
- Posar una mano en el vientre y la otra en el pecho.
- Inspirar como si se quisiera respirar con las dos manos.
- Sentir el cuerpo que se hincha como un balón, hinchar la barriga.
- Exhalar; la pelota/la barriga se deshincha.
- Sentir los movimientos de la barriga y del pecho bajo las manos.
- Empezar de nuevo por lo menos tres veces seguidas.

El títere (para calentar, revitalizar)

- De pie o sentado.
- Inspirar.
- Hinchar la barriga.
- Elevar los hombros manteniendo los brazos estirados a lo largo del cuerpo.
- Detener la respiración.
- Mover los hombros de arriba abajo diez veces (con los brazos estirados a lo largo del cuerpo).
- Espirar.
- Volver a empezar varias veces seguidas.

Relax exprés (para descargarse de emociones negativas y volver a llenarse de energía)

- Hablar en voz baja y lentamente.
- Dar un tiempo a los niños para que visualicen.
- Sentado delante de la mesa (el niño puede apoyar la cabeza en los brazos).
- Cerrar los ojos.
- Escuchar la respiración.
- Sentir cómo los brazos pesan cada vez más.
- Sentir cómo las piernas pesan cada vez más.
- Todo el cuerpo pesa y está relajado.
- Imaginar un cielo azul con nubes, pequeñas y grandes. En el cielo azul, ves una nube negra o gris. Esta nube contiene tus inquietudes, tus problemas, tus preocupaciones (date un tiempo).

- Sopla a esa nube, mira cómo esa nube va desapareciendo poco a poco, sigue soplando hasta que ya no se vea...
- Adelante: sopla a las inquietudes, a los problemas, a los miedos, a las penas.
- Sopla a esa nube para no verla más. Sopla. Tus inquietudes desaparecen, te sientes liberado de tus preocupaciones.
- Ahora ves un sol precioso, muy luminoso, sientes cómo los rayos de sol te reconfortan. Te cargas de energía.
- Te sientes bien, relajado, lleno de energía, listo para llevar a cabo todo lo que tienes que realizar en calma y tranquilidad. Estás bien, bien, sientes cómo los rayos de sol te reconfortan... y te dan energía.
- Vuelve a tomar conciencia del cuerpo, sentado en la silla.
- Mira (visualiza) la sala en la que te encuentras ahora.
- Mueve tu cuerpo lentamente.
- Respira profundamente tres veces.
- Estírate.
- Abre los ojos, ¡estás en plena forma!

○ *Balance de la práctica: la relajación*

Situación puesta en marcha	Evaluación	Argumentación

Herramienta n.° 11:
La kinesología educativa/
El Brain Gym

○ *En resumen*

El Brain Gym es una rama de la kinesología. Este método fue creado por el doctor Paul Dennison en Estados Unidos e introducido en Francia en los años ochenta. Se trata de un conjunto de veintiséis movimientos (disponible en la página web de Brain Gym Francia), que procede de la educación kinestésica,[9] y que permite mejorar las capacidades personales en todas las tareas de la vida cotidiana: aprendizaje, memoria, concentración, organización…

Esta gimnasia cerebral (*brain gym*) es lúdica y puede ser utilizada tanto por niños como por adultos, ya sea en la escuela, en casa o en cualquier otro lugar cada vez que hay que poner en marcha la atención.

Se trata de una serie de ejercicios corporales sencillos concebidos para mejorar el aprendizaje y tranquilizar. Estos ejercicios pueden ser practicados por cualquiera en cualquier momento del día. Permiten permanecer centrado y mantenerse a la escucha durante todo el día sin tener que hacer ningún esfuerzo.

El Brain Gym propone utilizar el cuerpo para aprender mejor. Ciertos movimientos propuestos ayudan a liberar las tensiones para concentrarse mejor, y otros favorecen la comprensión y la memoria al estimular los dos hemisferios del cerebro o incluso pueden ayudar a leer, escribir o gestionar mejor las emociones.

Efectivamente, el cerebro está dividido en dos hemisferios: el derecho es la parte más creativa y el izquierdo es la parte más racional. La gimnasia cerebral se compone de movimientos que permiten que los dos cerebros funcionen de manera simultánea. Así que estimular los dos hemisferios puede realizar la tarea deseada.

○ *¿De qué modo esta herramienta permite captar la atención de los niños?*
Aprender moviéndose…

Se trata de un acercamiento diferente para desarrollar las capacidades de atención. Se utiliza todo el cuerpo. El niño necesita moverse para desarrollarse plenamente. Bien escogidos, estos movimientos aumentarán sus capacidades de atención. Los movimientos propuestos estimulan los dos hemisferios cerebrales haciendo que este tenga un mayor rendimiento.

⭘ *Mi experiencia*
A los niños les encanta moverse entre dos actividades que requieren mucha atención. Con mis alumnos, sobre todo practico la marcha cruzada: este movimiento consiste en mover alternativamente brazos y piernas opuestos. Levantar la rodilla y tocarla con la mano opuesta o el codo, alternando, unas diez veces.

Este método los calma, los vuelve a centrar y les da la concentración necesaria para llevar a cabo una actividad. Te aconsejo realmente que los niños practiquen esos movimientos entre ellos, ¡les gustarán y enseguida notarás los beneficios!

⭘ *¡Te toca a ti!*
¿Cuándo?
• Antes de empezar una actividad.
• Durante una actividad para mantener el esfuerzo.
• Después de una actividad para relajarse.
• Después de un día de trabajo…
• Hacer los ejercicios propuestos tres veces seguidas.

Propuesta de cuatro actividades de base:[10]
El Brain Gym propone una serie de **cuatro actividades de base** en una secuencia llamada

«ECAP», que significa: «Estimulante, Claro, Activo, Positivo». **La finalidad de esta serie es relajarse para utilizar mejor el cerebro y sentirse más implicado en las propias actividades.**

Primera actividad E

- Beber agua lentamente.
- Mantener un poco de agua en la boca antes de tragarla. Esto nos hidrata de nuevo y nos devuelve la energía.

➢ Hidratarse bien refuerza todas las competencias del cerebro, a saber: memorizar, concentrarse…

Segunda actividad C

- Colocar los dedos pulgar e índice de la mano izquierda en las pequeñas cavidades que hay bajo la clavícula.
- Colocar la mano derecha sobre el ombligo. Esta mano no debe moverse, mientras que la izquierda debe frotar los puntos de contacto durante aproximadamente treinta segundos.
- Al mismo tiempo, desplazar la mirada lentamente de derecha a izquierda siguiendo una línea horizontal.
- Invertir las manos.

➢ Este movimiento activa la coordinación de las manos y de los ojos. Facilita la lectura y la escritura.

Tercera actividad A

- Levantar la rodilla derecha y tocarla con la mano o el codo izquierdos.
- Alternar tranquilamente. Rodilla derecha, mano o codo izquierdos; rodilla izquierda, mano o codo derechos.

Variante: pie derecho doblado hacia atrás, mano izquierda estirada hacia atrás, y a la inversa, tranquilamente.

➤ Estos movimientos cruzados hacen que las tareas de coordinación se vuelvan más fáciles y facilitan la comprensión.

Cuarta actividad P

- Sentado, de pie o tumbado.
- Cruzar los tobillos, cruzar los puños, entrelazar los dedos.
- Poner las manos sobre el pecho.
- Inspirar por la nariz colocando la lengua detrás de los incisivos.
- Exhalar por la nariz y relajar la lengua.
- Practicar de esta manera varios ciclos de respiración.
- Descruzar los tobillos.
- Cerrar los ojos.
- Separar los brazos.

- Acercar lentamente las manos la una a la otra hasta que los dedos se encuentren delante del pecho.
- Mantener esta posición un momento respirando como se acaba de indicar.
➤ Estos movimientos permiten, entre otras cosas, que las emociones se centren y la atención aumente.

Esta serie se debe practicar al menos una vez al día. Las actividades que se acaban de describir proporcionan un bienestar que permite adentrarse más fácilmente en cualquier aprendizaje. También aumentan la capacidad de atención…

A continuación vamos a ver dos movimientos *brain gym* rápidos cuya finalidad principal es aumentar la concentración para escuchar mejor. Hay que practicarlos tan a menudo como sea necesario.

Abrir las orejas

- Girar la cabeza de derecha a izquierda manteniendo los hombros alineados con la cadera.
- Con los dedos pulgar e índice, tirar suavemente de las orejas hacia atrás bajando, desde el pabellón hasta el lóbulo, hacia el exterior, como si se quisiera desenrollarlas.
- Terminar masajeando el lóbulo.
- Volver a empezar dos o tres veces.
- A continuación, girar la cabeza de derecha a izquierda.

➢ Este movimiento de Brain Gym mejora el nivel de energía, el equilibrio emocional, la atención auditiva, la capacidad de centrarse, la memoria, la organización, la habilidad para hablar en público…

Los puntos del espacio

- Colocar dos dedos bajo la nariz encima del labio superior.
- Colocar la otra mano en la parte baja de la espalda sobre la línea de la columna vertebral.
- Quedarse de pie, con la cabeza erguida.
- Mirar a lo lejos hacia arriba.
- Después, bajar la mirada hacia el suelo.
- Cambiar de mano y volver a empezar.

➢ Este movimiento ayuda a estar concentrado durante más tiempo en una actividad.

○ *Balance de la práctica:*
La kinesología educativa/El Brain Gym

Situación puesta en marcha	Evaluación	Argumentación

Herramienta n.° 12: El juego

Los juegos propuestos aquí son juegos sensoriales. Utilizan la vista, el tacto, el oído…

○ *En resumen*

El juego es innato en el niño. El niño juega, el animal juega. Eso contribuye a su desarrollo. Mediante el juego aprende a conocer sus sentidos, a sentir su cuerpo para conseguir estar tranquilo y fijar la atención. Jugar le proporciona alegría. ¡Todo lo que proporciona alegría es bueno para el cerebro!

○ *¿De qué modo esta herramienta permite captar la atención de los niños?*

El objetivo de los juegos es enseñar al niño a conocer mejor su cuerpo, a utilizar mejor sus sentidos y con ello sus capacidades. Practicarlos de manera habitual le permitirá aumentar sus capacidades de atención, de la misma manera que practicar con regularidad una actividad deportiva lo hará ser más competente… La atención es una capacidad que se trabaja, que se mantiene en forma, que se refuerza, que se desarrolla. Requiere cierto entrenamiento. ¡Jugar es un entrenamiento excelente!

○ *Mi experiencia*

A una pausa lúdica, a aprender divirtiéndose, el niño se apuntará siempre. Para volver a centrar al niño o al grupo, propongo algunos juegos. Los niños lo aceptan con mucho entusiasmo.

○ *¡Te toca a ti!*

A continuación, una serie de juegos para practicar según apetezca. No te olvides de que la finalidad de estos ejercicios es aumentar la capacidad de escucha de los niños dedicándole cierto tiempo:

Juego 1

- Con la mirada, dibujad una cruz, un ocho acostado, un círculo en un sentido y luego en el otro (repetidlo entre cinco y seis veces).
- Apretad fuertemente los párpados durante diez segundos y abridlos al máximo (volved a empezar dos o tres veces más).

Juego 2

- Cerrad los ojos y luego escuchad los ruidos que os rodean.
- Describid los ruidos que habéis oído (la duración de este ejercicio varía entre uno y diez minutos en función de la edad de los niños).

Juego 3

- Colocar un objeto en una bolsa de tela. El niño mete la mano.
- Describir lo que se toca, lo que se siente (blando, duro, frío, puntiagudo, redondo…).
- Con los ojos abiertos o cerrados.

Variante: Vendarle los ojos al niño (si se trata de un grupo, lo harán por turnos). Debe reconocer, tocándolos, los objetos que están dentro de la bolsa.

Juego 4

- Escoger un color.
- El niño apunta o nombra todos los objetos de la sala del color escogido.

Juego 5

- Escoger una palabra.
- El niño apunta o enumera todo lo que le sugiere esa palabra.

Juego 6

- Escribe una palabra.
- Pide al niño que la escriba o que te la dicte al revés.

Variante: lo mismo pero con una frase.

Para los más pequeños, sustituir las palabras por imágenes que deben colocar en el orden de la historia que has enumerado.

Juego 7

- Enseñarle al niño un conjunto de objetos (unos diez).
- Dejarle que los observe y después quitar algunos, que debe nombrar.

Variante: en función de la edad, se puede variar el número de objetos presentados y quitados.

- Presentar una bandeja con diez objetos cubiertos con una tela.
- Mostrar los objetos durante un minuto.
- Los niños observan.
- Tapar los objetos con una tela.
- Los niños dicen de memoria la lista de los objetos.
- Apuntar lo que dicen los niños.
- Comprobar las respuestas correctas.

Juego 8

- Escoger una letra del alfabeto. Por turnos, los niños dicen una palabra que empiece con esa letra repitiendo las palabras que ya han sido dichas.

Variante: si hay pocos niños o uno solo: por turnos, decir una palabra hasta llegar a diez palabras cada uno…

O: *«Voy al mercado, en mi cesta he metido…». Cada niño repite la frase y por turnos nombra una cosa para meter en la cesta…*

Juego 9

- Dibujar cinco círculos de diferentes colores.
- Asociar un ruido a cada color:

verde	rojo	amarillo	azul	naranja
◯	◯	◯	◯	◯
Zip	bum	clac	yu	brum

- Señalar un color.
- Los niños, sentados o de pie, imitan el ruido.
- Variar el ritmo del señalamiento.
- Ir eliminando los ruidos poco a poco (los niños tendrán que reconocerlos de memoria).

Variante:

- Asociar un movimiento a cada rondel de colores:

verde	rojo	amarillo	azul	naranja
◯	◯	◯	◯	◯
brazos	en	detrás	en	manos
levantados	vertical	de la espalda	horizontal	sobre la cabeza

Juego 10

- Dibujar una figura en la pizarra.
- Observarla. Dejar entre cinco y diez segundos para que los niños la observen.
- Borrar la figura.
- Dibujar otra figura y así sucesivamente (en función de la edad de los niños).
- Cuando hayas terminado la serie, los niños tienen que dibujar la serie entera en una hoja de papel.

- Colocar a un niño delante de la pared.
- Un niño del grupo dice una palabra (hola…) sin gritar.
- El niño que está en la pared debe decir el nombre del que acaba de hablar.
- El niño del que acaban de decir el nombre sustituye al niño que estaba delante de la pared, y así sucesivamente.

Variante: Más tarde, hacer que tengan que reconocer dos voces, ¡y luego tres!

○ *Balance de la práctica: los juegos*

Situación puesta en marcha	Evaluación	Argumentación

¡Trucos y triquiñuelas para ir más allá!

Una forma de vida equilibrada

Además de todas estas herramientas, es evidente que una vida equilibrada y cierta dosis de motivación favorecen una buena concentración.

- **Tomar aire fresco, hacer deporte.**
- **Dormir bien.** Un niño de entre tres y cinco años necesita doce horas de sueño cada noche. Un niño de entre diez y doce años necesita diez horas de sueño. La falta de sueño disminuye, entre otras cosas, la capacidad de atención.
- **Beber agua.** El agua es imprescindible para el buen funcionamiento del cerebro.
- **Llevar una alimentación saludable.**

A continuación, detallamos una lista de alimentos que se deben escoger para favorecer una buena atención o concentración y una actividad cerebral óptima:

- el huevo;
- el germen de trigo;
- las nueces, las avellanas, las almendras;
- la levadura de cerveza;

- el perejil;
- el pescado de mar;
- el aceite de hígado de pescado (atún, fletán, bacalao);
- las hortalizas verdes y coloridas: castañas, patatas, hierbas aromáticas;
- las leguminosas;
- el pan integral;
- el aceite de primera extracción;
- las vitaminas A/B/D/PP/C.

Con moderación:
- el queso (decantarse por el queso de cabra);
- la sal no refinada;
- la carne;
- el azúcar moreno e integral;
- el chocolate (negro).

A evitar:
- las carnes grasas;
- los azúcares refinados;
- las bebidas gaseosas;
- los aceites refinados y no biológicos;
- las frutas ácidas;
- las hortalizas como los berros, la acedera y la berenjena;
- el pan blanco;
- la leche (es preferible la leche de cabra).

Otras actividades para relajarse, desarrollar las capacidades de escucha, volver a centrarse...

○ *Pequeños masajes*

- De pie o sentado.
- Enseñarle al niño cómo hacerlo; luego se lo hará a sí mismo o se lo hará a otro niño.
- Con el dedo índice, masajear apoyando suavemente y haciendo un movimiento en círculos:
    - la parte superior del cráneo;
    - el centro de la frente;
    - una sien;
    - la otra sien;
    - encima de la boca;
    - con los dos índices, masajear en lo alto de la nuca, el lóbulo y el contorno de cada oreja.
- ➢ Hacer intercambios de masaje. Los niños se dan masajes por turnos.

- De pie.
- Dar golpecitos en el cráneo con la punta de los dedos.
- Sacudir con movimientos rápidos:
    - la frente, la nariz, las mejillas, las orejas;
    - los hombros;
    - los brazos;
    - la barriga;

- las nalgas;
- los muslos;
- las pantorrillas;
- los pies.
- Cerrar los ojos y tomar conciencia de las propias sensaciones.

- Frotar las manos.
- Cerrar los ojos.
- Acariciarse con suavidad (como si se pusiera crema) la cara: la frente, la nariz, las mejillas, el mentón, el contorno de los ojos.
- Abrir los ojos.
- Sacudir las manos (como para quitar la crema sobrante).
- Frotar las manos.
- Acariciarse de nuevo la cara…, las orejas, la nuca, el cuello.
- Abrir los ojos.
- Sacudir las manos (como para quitar la crema sobrante).
- Tumbarse.

Para descansar los ojos fatigados
- Frotar las manos entre sí.
- Posar las palmas de las manos calientes sobre los ojos abiertos como si fueran un cascarón.
- Contar hasta sesenta.
- Quitar las manos.
- Pestañear diez veces.

○ *El mimo*

- Mueve los brazos, los niños te imitan.
- Levanta un brazo delante del pecho.
- Levanta el otro brazo.
- Levanta los dos brazos por encima de la cabeza.
- Baja un brazo delante del pecho.
- Baja el otro brazo.
- Cierra y abre los puños varias veces seguidas.
- Vuelve a colocar los brazos a lo largo del cuerpo.

Imaginar otros movimientos. No ejecutarlos demasiado deprisa.

○ *Mandalas para colorear*

- Colorea desde el interior al exterior para favorecer la apertura y con ello sus capacidades de atención.
- Colorear desde el exterior al interior para favorecer la concentración.[11]

○ *Dibujos*

Las espirales infinitas:

- Coger una hoja de papel en blanco.
- Escoger lápices de colores o rotuladores.
- Colocar el lápiz en el centro de la hoja.
- Hacer un punto en el centro de la hoja (punto de partida).
- Trazar una espiral en el sentido de las agujas del reloj, tan larga como sea posible sin levantar el lápiz.
- Coger un lápiz de otro color.

- Trazar una espiral dentro de la primera empezando en el punto de partida en continuo (sin soltar el lápiz).
- Escoger otro color y así sucesivamente.
- Trazar cinco o más espirales imbricadas.

Variantes: el niño dibuja una espiral en continuo desde el centro de la hoja hacia el exterior sin soltar el lápiz. Luego, en otra hoja o por la parte de atrás de la anterior, el niño dibuja desde el exterior al interior una espiral sin soltar el lápiz.

○ *Iluminación de la estancia*
- Decantarse por una iluminación tamizada e indirecta.
- Apagar la pantalla del televisor, del ordenador de mesa y del portátil.
- El rojo, el azul y el violeta relajan y favorecen la concentración.

○ *La aromaterapia*
- El aceite esencial de romero favorece la concentración.
- Poner algunas gotas de este aceite en un difusor adaptado para una difusión aérea.
- Leer las precauciones de uso antes de difundir un aceite esencial y pedir consejo a un especialista. Algunas personas pueden experimentar reacciones alérgicas con los aceites esenciales.

Conclusión

Todos estos métodos pueden combinarse fácilmente. Es preferible no llevarlos a cabo todos el mismo día, y, en cambio, darse tiempo y fijarse objetivos. Hay que introducirlos poco a poco en el día a día con los niños. Es mejor dar pequeños pasos que hacer grandes cambios que lo trastocan todo.

Hagas lo que hagas, es mejor ir por etapas. Cada día marca un nuevo desafío. Por ejemplo, centra tu atención en lo no verbal y evalúa los efectos en los niños.

Todas estas herramientas pueden aplicarse tanto en clase como en casa.

Aplícalas tú también.

El tomate, el Brain Gym, la sofrología, la música… Utilízalas TODAS en tu vida como educador, pero también como padre, para TI.

¡Benefíciate tú también!

Cuando se vive en contacto con niños, es importante tener una vida estable y sana. Todas estas herramientas contribuyen a ello con creces.

Somos un modelo para los niños.

¡Adelante, empieza…, piensa también en tu bienestar!

Notas

1. Esta herramienta se aborda en la primera parte de esta obra.

2. Albert Mehrabian es un psicólogo y profesor americano, nacido en Irán en 1939. Se hizo célebre gracias a sus trabajos sobre la diferencia de impacto entre los mensajes verbales y no verbales, realizados a finales de los años sesenta.

3. *El efecto Mozart*. Esta obra trata del poder de la música en general, y del de la de Mozart en particular.

4. Estudios llevados a cabo en los años ochenta demostraron que las mujeres embarazadas que escuchaban Mozart tenían hijos dotados de una mejor expresión verbal.

5. *L'Express* n.º 3.331, mayo 2015, entrevista con C. Gueguen: «Las palabras humillantes destruyen las neuronas».

6. El psicólogo americano Abraham Maslow clasificó, basándose en observaciones, las necesidades humanas. Se las representa en forma de pirámide. Ver en Internet: «La pirámide de Maslow» para obtener una representación jerarquizada de las necesidades.

7. Larousse.fr, 2016.

8. Técnica basada en el yoga. *Niños que triunfan, el yoga en la escuela* de Micheline Flak y Jacques de Coulon, Editorial Cuatro Vientos.

9. La educación kinestésica es un enfoque educativo que utiliza movimientos y actividades motoras y artísticas para desarrollar nuestro potencial. Fuente: Asociación Francesa de Brain Gym.

10. Ejercicios extraídos del libro *Brain Gym, le mouvement, clé de l'apprentissage*. Le Souffle d'Or, 2010.

11. *Mandalas bien-être Joie de vivre*. Jacques de Coulon. Editorial Jouvence, 2015.

Bibliografía

BUZAN, TONY, *El libro de los Mapas Mentales*, Ediciones Urano, Barcelona, 2017.

CAMPBELL, DON, *El efecto Mozart*, Ediciones Urano, Barcelona, 1998.

DENNISON, Paul y Gail, *Brain Gym, le mouvement, clé de l'apprentissage*. Éditions Le Souffle d'Or, 2010.

DIEDERICHS, GILLES Y CANNELLA, René, *Zen en classe école*, Éditions Rue des écoles, 2011.

DIEDERICHS, Gilles, *100 activités apaisantes pour les enfants de 3 à 10 ans*, Éditions Mango Bien-Être, 2013.

FABER, Adèle y MAZSLISH, Elaine, *Cómo hablar para que sus hijos estudien en casa y en el colegio*, Ediciones Medici, 2002.

FLAK, Micheline y DE COULON, Jacques, *Des enfants qui réussissent*, Éditions Épi, 1985.

GORDON, Thomas, *Enseignants efficaces*, Les éditions de L'Homme, 2005.

GUEGUEN, Catherine, *Pour une enfance heureuse*, Éditions Pocket, 2014.

LE CHEVALIER, Solange, *L'enfant et la concentration*, Éditions Le courrier du livre, 2007.

MANENT, Geneviève, *La relaxation pour les enfants*, Éditions J'ai lu Bien-être, 2009.

PERETTI, Nathalie, *Relaxations créatives pour les enfants*, Éditions Le Souffle d'Or, 2012.

PETITCOLLIN, Christel, *Bien communiquer avec son enfant*, Éditions Jouvence, 2003.

ROSENBERG Marshall B., *Les mots sont des fenêtres (ou bien des murs)*, Éditions La Découverte, 2005.

SIAUD-FACCHIN, Jeanne, *Tout est là, juste là*, Éditions Odile Jacob, 2014.

SNEL, Éline, *Calme et attentif comme une grenouille*, Éditions Les Arènes, 2012.

TOMATIS, Alfred, *Pourquoi Mozart?*, Éditions Fixot, 1994.

Agradecimientos

Gracias a *Christophe Tissier* por su presencia, su paciencia, su bondad, su apoyo sin igual y sus ánimos.

Gracias a *Isabel Arenas Herranz* por su talento y su creatividad.

Gracias a mis «primeros lectores»: *Brigitte Jeanneau, Véronique Potot, Pierre Barrier, Clotilde Barbet-Massin y Maryvonne Poulhalec*, por sus ánimos y sus comentarios.

Gracias a mis pequeños alumnos.

Gracias a mis hijos, *Raphaël y Élisabeth*.

¡Gracias a ti, amigo(a)!

¡Gracias a todos!